문학과행동시선집 001

산당화
천승세 詩集

자서 | 自序

산당화
山棠花
천승세 詩集

자서 | 自序

무량겁 살며 타도 의구할 목숨 불꽃

한 백년 세월 속을 쉬이 지는데

한 달 가을 겨우 산 나, 어찌 빨갛게만 더 타오리

살다 만 붉은 피는

헹궈내야 하오이다.

– 「단풍잎 – 김남주 8」 중에서

차례 | 次例

위안 / 8

달맞이방 – 조운曺雲 생가 '달맞이 방'에서 하룻밤 자다 / 9

어안魚眼 / 10

산당화山棠花 / 11

무지개 앞에서 / 12

단풍잎 – 김남주 8 / 13

두우리 연가戀歌 / 14

입춘 개구리새끼 / 15

염통 – 그 날 새벽 새들은 서로 맹서했었다 / 16

소금밭 – 조운 風 / 17

불 – 도자기 한 쌍 / 18

갈대 / 19

주포酒浦 일기 / 20

흰나비 / 21

바람 / 22

염산에서 – 조운 風 / 23

차례 | 次例

갈대의 노래 – 의붓어미 江 / 24
한기寒氣 – 조운曺雲 생가 '달맞이 방'에서 / 25
울음이 타는 강 – 박재삼 風 / 26
눈을 쓸다가 – 조운 風 / 27
기러기 – 동요조 / 28
갯종다리 / 29
횡단보도 – 신호등 / 30
해인초海人草 / 31
모영각慕影閣 / 32
꽃밭 1 – 맹서盟誓 / 33
꽃밭 2 – 폭풍우 지난 이튿날 아침 / 34
꽃밭 3 – 나비 / 35
꽃밭 4 – 조운 風 / 36
꽃밭 5 – 어머니 흉상 앞에서 / 37
꽃밭 6 – 어머니 흉상 앞에서 / 38
발문 이규배 – 바다와 선생님 / 39

위안

동백나무에 동박새

잣나무에 멧잣새

개펄 구멍집마다 농게

치운 가슴 옆에 모닥불

지새우는 이 한밤

함께 울다 죽는

황촉 한 자루

달맞이방

— 조운曺雲 생가 '달맞이 방'에서 하룻밤 자다

달맞이 방에도 달 없으면 깜깜해라

드나들던 모기떼도 어둑하면 숨어들어

그 적 그 피 그립다 울더라

벽 틈마다 숨어드는 모기떼 쫓으며 죽어라 죽어라

휘둘던 파리채 접는다

어안魚眼

어젯밤 목 놓아 울다 죽고 싶었던
생선生鮮

눈 부릅뜨고 체념하고 있다

새벽바다 물양장物揚場
마지막 온 힘 쏟아
뛰어 오른 물고기

그물 속에서.

산당화山棠花

꽃이 되랴 하였으면 향훈 한 올 말아 올려

녹수청산 고를 것을

하필이면 산구방도리 마사토 덮고

허우룩이 서 있는 뜻

그 산사람 시뻘건 염통 속에 내 뿌리 갈래갈래

순장殉葬한 탓이외다

철마다 피 삭는 춘삼월 이맘때면

이파리 톱날같이 묵은눈 베어내도

군시러운 오금마다 골막히 핏물 올라

겨드랑이 비집는 원한 홍반紅斑 돋쳐 앓거니와

저 미친 벌떼 불침 꽂으며

꽃만 되랴, 꽃만 되랴 애끓기만 하더이다.

무지개 앞에서

버려서는 안 될 소망을 반만 갖고

절반을 뚝 잘라 염의없이 내다버린 적 있는 놈들

모두 이 앞으로 나와 서라

열담熱痰보다 독한 사랑 반만 적시고

절반을 뚝 잘라 빼득빼득 말려 죽인 적 있는 년들은

모두 이 앞으로 나와 무릎을 꿇어라

열한熱汗의 진한 맹서를 반만 걸고

절반은 뚝 잘라 반납코자 염력念力을 숙성시키는 먹물들

모두 이 앞으로 나와 한 줄로 서라

절반만 쓰고도 일곱 가지 자비의 색 다리 놓아

혓바닥 끝까지 불 지르는 참회를 소통疏通케 하는

무지개 떴다!

단풍잎
– 김남주 8

죽은 자의 정맥처럼 식어 가는

잿빛 산여울

시뻘겋게 젊은 단풍 한 잎

조름조름 떠 흐르며 유언遺言한다

무량겁 살며 타도 의구할 목숨 불꽃

한 백년 세월 속을 쉬이 지는데

한 달 가을 겨우 산 나, 어찌 빨갛게만 더 타오리

살다 만 붉은 피는

헹궈내야 하오이다.

두우리 연가戀歌

저 숨소리 들은 적 있다, 선사先史의 온갖 묵상들이
서열대로 외출하는 칠산 밤바다

그래, 줄무늬 토기 속에 긴 잠 자던
빗살무늬 토기 속에 웅크렸던
그래, 그 좁디좁은 열모의 문을 열고
하다못해 지금 막 부화한 배도라치 치어들까지
일제히 일렬로 서서 뒤흔드는 파문破門의 합창슴唱

저 불빛 본적 있다, 저마다 살점 한 점씩 뜯어들고
정갈한 소망에다 불을 붙이는 은린銀鱗들의 쿨렁이는 소요

그래, 오늘사 안다, 드디어 정점頂點에서 쓰러지는,
탄주彈奏의 피 흐르는 손가락 끝까지
선사의 무량겁 침묵이 얹히는 것을.

입춘 개구리새끼

무엇이 이렇게 귀찮은가
한사코 내 뒤만 따라오니

입춘 햇살 너불납작 앉은 바위 끝
제 멋에 놀다 설잠 깬 녀석

얼어죽을라, 그러다가 얼어죽을라,
끝끝내 나 죽이고 가라 소리치는

덜 잘린 제 꼬리!

염통

-그 날 새벽 새들은 서로 맹서했었다

울어라, 목 터지게 울어라
그래야 너는 새이다

나도 울고 싶다, 울어라 목 터지게 울어라
그래야 나도 오늘은 새이다

둘이 함께 날면 하늘 끝이 따로 있으리
떨어져 죽는 땅이 따로 있으리

울자, 그만 울자
내일은 다시 날고 싶은 욱욱청천!
속으로만 싸안다,
싸안다 터지는, 기어코

터지는 녹두알 염통이여.

소금밭

−조운 風

지는 별 서러워서 밤참차려 먹는다
뱃구리 봉봉하면 저승동네 어미생각
밀물 썰물 들고 날 적 씰리고 닳아지며
저 바다 통째 안고 소금밭 돼 살으셨어

어미 몸 앓는 설움, 가닥가닥 참던 눈물
묵은지 깊은 맛을 이제야 알다니!

불
―도자기 한 쌍

멀리 떨어져 있음이 사랑이라 믿었더냐
까불지 말라
약속보다 빨리 앞에 와서 주춤 부끄럼 타는 가까움
실감보다 앞서 기다리며 그제사 실체를 내보이는 먼저 온 그림자
까불지 말라

눈에 보이지 않은 그리움이 모두 숨은 사랑이라 믿었더냐
이 부끄러움, 이 그림자, 석 달 불심 좋게 태우면
뼈 삭이며 가까이 서서 타던 불가마 속 둘이 섞는 가슴
그래서 한 몸으로 굳은 사랑 식혀 태어난
이 정염의 도자기 한 쌍
까불지 말라 가까이서 죽어야 사랑도 함께 죽는다

고려청자 이조백자 미리내 은빛 하늘 띄조이는 푸른 가슴
까불지 말아라!
들숨 날숨 뒤섞이는 이 절박한 거리,
가까이서 함께 타야 사랑된다 하더라.

갈대

다 부질없는 일이다

옛사랑 다시 풀어 휘날려도 휘날려 봐도

이 칠칠한 산발 틈새마다

흰 입김만 건너와 내려앉고

등때기 막 벗은 갈게 집게에 물린

저 춥디추운 초승달

날 들물 건너가고 들어오는지

삭망 열닷새 치운 바다 퍼런 눈꺼풀 무십 깊다

어미 십 삭 채워 날 낳고 뱃가죽 오집 죽어 터지던 주름

튼실이 지평地平을 밟고 죽은 아비의 종아리,

갈래갈래 꼬여 굳던 그 시퍼런 정맥 또아리

깊디깊은 강물들이 이제사 다시 모여

실핏줄도 다시 모여 저런 갯골 또 파대는 밤!

주포酒浦 일기

누구 게 없느냐
아무라도 한 사람 비틀거려 다오
기름 절절 끓는 무쇠 솥에다 못 이룰 첫사랑 담아 놓고
한여름 염통 짜들게 울며 꽈배기 됐던 날
나 오늘사 그렇게 원 없이 원 없이 비틀거리다 죽고 싶다

누구 한 사람 비틀거려다오
아무라도 한 사람만 휘청이는 그림자 보듬고 그 자리에서
쓰러져다오
파장의 잔판머리, 못 다 팔려 쩍쩍 엿판에 달라붙어
피 절인 육즙肉汁 서로 부둥켜안고 엿가락끼리 비틀거리던
그 춤 한 번만 죽을 때까지 비틀거려다오

저 해제반도 춤사위 비틀거리다 옴팡 굳고
이 함평만 물이랑도 비틀거리며 들며 나느니
이 캄캄한 불망不忘의 핏줄 같은 그리움들, 이렇게
잠잠히 서서만 버틸 것이냐, 아무 몸살 없기냐

누구 나설 사람 없느냐
아무라도 한 사람만 원 없이 비틀거리며 쓰러져다오
연꽃잎 구르는 정화수 한 방울 떠 안으며 목이 타던 날
소갈증 어지러운 울음들만 다시 모여도
이제사 맘놓고 죽을 자리 주포酒浦 아니냐

흰나비

나 오늘 이렇게 날다

날개는 다 헐고 무늬도 다 바랬다

빨대가 긴 사내는 어디 있는가

꿀물 마초롬이 채워

푸른 하늘 배추밭 내 세상 삼고 날았거니

이 설픈 빈 자궁에 오지 않은 새끼들아

내 옷이 예쁘다 읊지 마라

오늘도 날다 날다 지치면

시동배추잎 싸보듬고 하얗게 죽으리.

바람

비록 짧은 시간

네 살결 어루만지며 멀리 가버렸다 해도

다시 못 올 바람 한 줄

노닐다 갔느니 생각지 말라

이 같잖은 바람도 소용없어

스스로 시원한 날도 네 겨드랑이에 숨어

간질간질 불 때만 기다리리라

염산에서
−조운 風

물 깊은 칠산바다 어찌 저리 우는고
이 가슴 피멍울도 굳어 백바위 되는데
아서라 울다보면 날던 새도 지느니라

세상이 달다 하여 비칠비칠 흘렀더니
예가 염산이라 짠 설움만 또 앵긴다
어느 땅 날 보듬고 애절어라 웃으리

신발 끈 고쳐 매고 차라리 돌아서자
발도장만 찍어놓고 울다울다 쓰러지자
지는 달 언젠가는 내 뼈 거둬 안으리라

갈대의 노래
−의붓어미 江

노래만 불러놓고, 가까이 오지 말라는
저 훤한 江물 탓이다

江의 노래를 따라 부르고 싶거든
소절의 찰진 마디 다 자르고, 자르고
흔한, 흔하디흔한 후렴만 따라 부르라는
저 江물의 불호령 탓이다

더 부를 수 없고 더 따를 수 없는
외진 목 지켜서 덩덕새머리로 우노니
살점 창새기 다 씻어 버리고, 홀로 울자니
쉰 목청만 살아 비듬 털 내리는 찬바람

바람만 보내놓고 울진 말라는, 허리 꺾진 말라는
저 훤히 훤히 흐르는 江물 탓이다, 그 매질
종아리 마디마디 피멍든 탓이다.

한기寒氣
−조운曺雲 생가 '달맞이 방'에서

자식 두고 죽은 어미 칠칠한

머리칼이

울뚝 아비 마지막 놀던 마당

떡매잡이 어깨춤이

오늘사 맞손잡고

부리삽작 들어서면

닫아도 닫아도 스미치는

이 빗살 주렴발에

오들오들 치워라!

울음이 타는 강

−박재삼 風

길어야 江이냐
마음은 짧고 꿈만 길어야 강이냐

목포 용해동 무릎 세워 걷다가
묵은 뼈 일으키며 산날망 벼룻길 닮은
언덕 길 오르다가

낡은 콩팥 속 골막한 오줌발
흐르고 싶다, 흐르고 싶다기에

키 큰 전봇대 보듬고, 그럼
네 맘대로 흐르거라 했었다
오줌 눴었다

기껏 열두 뼘 흐르다 만 오줌발이여
마음 짧은 물줄기여

江은 길어서, 長長九曲 길어서 江이 아니리
흐르고 싶은 마음이 江일레
이윽고 우리 마음 속 시오리길 실핏줄 흐르며 흐르며
나 한 몸 떠받드는 강이었으리

눈을 쓸다가

−조운 風

원한 서릿발 돋워 목숨 끊으면

오늘 내리는 눈세상 되겠지

간밤 새 내린 눈

왼통 은세상일세

다니기 옹색한 길 헤집다간 다리 부러질라

마음 한구석 찜찜해서 눈을 쓸다가

두 눈으로 대못 박혀서

뼈 이음매 부들부들 정신 나가고

눈물도 대 고드름 되어 다시 죽창 될 제

따르다 따라오다 오뚝 굳은 발자국

뉘가 주인이길래 이리 못 돌아서고 멈춰섰나

그 생각만 한눈팔다 눈을 쓸다 말았어!

기러기

—동요조

북녘 나는 기러기는 늙은 우체부

걸음도 설워커든 등짐은 왜 졌나

어느 사랑 죽은 자리 소식 전하나

어느 사랑 펴는 자리 꽃소식 지고 나나

기러기 푸른 등에 얹힌 편지들

갯종다리

꿈이라 홀대 마라
꿈 안 꾸고 살았더냐

짜다고 홀대 마라
쓰고 단맛 반죽치며 이대토록 살았거니

오늘도
내 품속 자란 새 새끼들

뜨며 나는 저 하늘

횡단보도
−신호등

해진 옷도 솔기솔기 기우면 횡단보도 되겠다

길을 잃을손 사람은 잃지 말라

모서리 모서리 흡뜬 눈들 잔주름으로 흐른다

해인초海人草

사람의 머리칼은 검은 줄만 알았거늘
붉은 설움 참고 지면 저리도 애붉는가
실핏줄 가지가지 시방도 피 돌리고
피멍울 가닥가닥 뿌리박고 섰느니라

모영각慕影閣

죽기 싫다 달아나는 세월

정자 지어 가둬 봐라

한소끔 낮잠도 낯설다 울며

지는 해 돋는 해 싸안다

다시 달아나거니

차라리 목젖 피멍들어

울며 가게 놔둬라

꽃밭 1
—맹서盟誓

조화弔花가 죽어가고 있다

우리들 모가지 늘일 대로 빼 늘이어

저 꽃을

살려야 한다.

꽃밭 2
−폭풍우 지난 이튿날 아침

어젯밤 그 모진 비바람 어찌 견뎌냈나
늙은 꽃 밑에 또 벙글으는 아들가지들
작설雀舌처럼 붉은 피 모아
새끼꽃망울 젖 돌리며 웃고 있어라

미쳤다, 이 미친 것들아
내리는 빗방울 억만 빗방울들은, 제 자리만
제 내릴 꽃잎만 찾아 밤새 내리고

꽃풀섶들 억만 꽃풀섶들은 제 받을 빗방울만
제 받을 빗방울만 받다가 저리 찢겼어라

이 과묵한 평화, 이 거룩함 앞에 엎드려
나도 생피 돌린다, 아직은 더운 피
앓으며 앓으며 흘려 보낸다

지독하다, 지독해라
지독한 사랑아!

꽃밭 3
−나비

우리들 저 나비들을
부른 적 없다, 사랑하지 않았다

하얗게 날다가
노랗게 미치다가
끝끝내 꺼멓게 죽을

저 나비들의 정중한 문상問喪을 위해
우리들
오늘도 핀다.

꽃밭 4
― 조운 風

그믐달 설핏 놀다 간
빈 하늘 귀퉁이에 새벽 두 점 넘어서야
눈길 올려 바로 서다

이 가지 떠난 달 무놀 베고
북신 쉬리 여겼더니
내 눈빛 짠해서 갈매기 등 실어
또 한 번 설운 빛 띄우네라

빈 가지 빈 달만 보며 울었던
철없는 내 꼬라지
다독이다 잠재우다
홀로 울다 또 지쳤어

꽃밭 5
―어머니 흉상 앞에서

오늘 내 다시 널 찾으면
네 설움 풀릴까
시큰한 무릎 꺾고 앉았더니라

어젯밤 못 본 죄가 그리 피멍 되더냐
눈 들어 날 보면 다시 죄가 되더냐

풀어라, 맺힌 설움 제발 한 가닥만 풀어다오
네 앞에 돌이 되어 나마저 꽃 돼야 풀겠느냐
어젯밤 네 못 본 죄
피눈물 창끝 되어 바위 뚫고 말리니.

꽃밭 6
―어머니 흉상 앞에서

저희들, 어린 꽃자식들이
뭐라 말씀드렸습니까

그리 애글이며 피우시다간 먼저 돌아가십니다
어미 잃고 크는 자식 세상에 있답디까

이 어린 꽃 크고 자라, 이제
어머님 흉상 앞에 무릎 꿇었습니다

폭우가 내려 우산 들고 어머님 젖는 가슴
우산 받쳐 말려드렸습니다

폭설이 내려 몽당 빗자루 들고 일개미처럼
눈만 쓸었습니다
꽁꽁 어는 어머님 가슴 녹여 드리려고요

이 못난 어린 꽃 살려 두신 죄가 이리 큽니다
그냥 쓰러져 흙이 되실 일이지

무슨 한恨 그리 깊어
조선어미 젖가슴만 남아
또 다시 돌마저 되셨습니까

발문 | 跋文

바다와 선생님

이규배

발문 | 跋文

　1989년 3월 27일 나는 남북작가예비회담을 위해 판문점으로 향하는 버스에 올라탔다. 지금은 고인이 되신 김규동·이기형 선생님을 비롯하여, 신경림·고은·백낙청·박용수·윤정모 등 문인 26명은 마포구 아현동 작가회의 사무실에서 국가보안법에 저촉되기에 회담을 불허한다는 정부 측의 제지에 아랑곳하지 않은 채 대기하던 버스를 타고 서울을 빠져 경기도 파주까지 갔지만, 여우고개에서 연행되어 그대로 마포경찰서 유치장에 구금되었다. 윗선에서 지시하는 대로 조사를 하고 구금을 하고 진땀 흘리던 마포경찰서 형사들과 전경들의 처지를 생각해 보니 그때의 그들이 새삼 안쓰럽다. 유치장으로 야당 국회의원들의 방문이 줄을 이었고 가수 정태춘과 박은옥까지 와서 노래를 부르고 해댔으니 마포경찰서는 소란하게 끓었고, 서장을 비롯한 간부들 그리고 하급 경찰과 전경들의 어쩔 줄 몰라 하던 심경이 어떠했으랴.
　저녁 무렵이었을 것이다. 경찰서는 또 한 번 벅적하게 끓어대기 시작했다. 모두 구속되어 정식 재판을 받게 될 경우 이어지는 싸움을 책임지기 위해 버스에 타지 않고 남아 있기로 했던 천승세 선생님이 자유실천위원회와 작가회의 회원들을 이끌고 와 구금된 26명의 문인들에게 박카스 박스를 반입하려 하자 경찰들은 저지선의 대오를 짜 필사적으로 막았다. 소식을 들은 우리들은 유치장에서 철창을 두들기며 응원하였고, 마침내 선생님은 전투경찰들의 대오를 무너뜨리고 박카스 상자를 들린 채 유치장 앞에 나타났다. 우리는 환호하였다.
　그러고 얼마가 지났을까? 박카스를 한 병 두 병 마시던 문인들의 시위와 함성

발문 | 跋文

　소리가 다시 유치장을 쩌렁쩌렁 울렸다. 이웃 철창 안의 여성 문인 윤정모·이경자·유시춘 선생 등은 남녀 합방과 남북통일을 외치기 시작했고 김규동 선생님을 필두로 우리 남성 문인들도 철창에 매달려 호응했다. 천승세 선생님은 병뚜껑을 따고 25도 진로소주를 붓고 막은 박카스 술 상자 보투를 해냈던 것이니, 우리들은 '박카스'에 힘입어 마포경찰서의 2박 3일을 지내다 나온 것이다.
　그 후 아현동 민족문학작가회의 사무실에서 천승세 선생님께 정식으로 인사드리고 맺은 사제 간의 정분이 한 세대가 흘러 쌓였다. 그런데 1989년의 31년 전인 1958년 동아일보 신춘문예에 단편소설「점례와 소」로 문단활동을 시작하였으니 선생님은 현재 등단 60년을 바로 앞두고 있다. 마침 한국문화예술위원회에서 선생님의 중편「신궁神弓」을 6월 17일부터 26일까지 문예회관 대극장에서 원로연극제의 무대에 올린다고 하니, 문학과행동사는 이를 기념하기 위해 선생님의 두 번째 신작 시집을 펴내기로 했고, 여기 내 졸한 글이 붙게 된 것이다.
　「산당화山棠花」,「무지개 앞에서」,「단풍잎-김남주 8」은 작가회의 기관지『내일을 여는 작가』15호(1999, 여름)에 수록되었던 것들이고,「달맞이 방-조운曺雲 생가 '달맞이 방'에서 하룻밤 자다」외 14편은 〈문학IN〉 창간호(2014, 봄)에 수록되었다가 일부 교정된 것들이며,「위안」,「어안魚眼」등 13편은 미발표작이다.『내일을 여는 작가』에 수록된 세 편을 제외한 작품들은 목포시 용해동에서 우거寓居하던 2002년에서 2011년 사이 창작된 시편들이다.
　목포는 선생님의 모친 소영素影 박화성(1904~1988) 선생의 고향이자 천승세

발문 | 跋文

선생님이 유년기와 청년기를 보냈던 곳인지라, 노년에 이른 선생님은 가족들과 제자들의 만류에도 불구하고 서울 근교의 거처를 떠나 무려 15년을 넘게 목포에서 홀로 어머님 문학 기념관과 흉상을 지키고 후학들을 양성하다가 올봄에 강화로 돌아왔다. 연작시편 「꽃밭」은 목포문학관에 세워진 박화성 선생의 흉상을 혼 정신성하듯 돌보며 하루하루를 지내던 생활의 정감이 절실히 담긴 것이니, 흉상 앞을 찾아 떠날 줄 모르고 서 있었을 것이던 선생님의 모습이 선연히 그려진다.

  오늘 내 다시 널 찾으면
  네 설움 풀릴까
  시큰한 무릎 꺾고 앉았더니라

  어젯밤 못 본 죄가 그리 피멍 되더냐
  눈 들어 날 보면 다시 죄가 되더냐

  풀어라, 맺힌 설움 제발 한 가닥만 풀어다오
  네 앞에 돌이 되어 나마저 꽃 돼야 풀겠느냐
  어젯밤 네 못 본 죄
  피눈물 창끝 되어 바위 뚫고 말리니.

                          – 「꽃밭5-어머니 흉상 앞에서」 전문

발문 | 跋文

　위 시의 '내'는 어머니 흉상이고, '네'는 그 앞에 선 아들 천승세이다. 꿈에도 뵙지 못해 문학관 앞의 어머니 흉상의 꽃밭 앞에 하냥 서 있는 선생님은,

　폭우가 내려 우산 들고 어머님 젖는 가슴
　우산 받쳐 말려드렸습니다

　폭설이 내려 몽당 빗자루 들고 일개미처럼
　눈만 쓸었습니다
　꽁꽁 어는 어머님 가슴 녹여 드리려고요

– 「꽃밭6–어머니 흉상 앞에서」 부분

사계절 내내 어머니 흉상과 못다 한 사연을 나누며 우산 받쳐 말려드리고 빗자루 들어 눈을 쓸어 드렸던 것이다. 나이가 차 승세라 부르지 않고 자字를 붙여 하동河童이라 부르던 생전의 소영 선생, 그 흉상 앞에서 천 선생님은 "꽁꽁 어는 어머님 가슴 녹여 드리려고요"라고 물가 헤엄치는 어린아이 시절로 돌아가서 정담을 건넸던 것이니, 그 생활의 정성과 정감이 생생하게 보이고 들리는 듯 스미어 와 가슴을 치고 울린다.
　소영 박화성 선생은 처녀 시절 전남 영광에서 교편을 잡은 적이 있었는데, 그때 항일애국지사이자 시조시인인 조운曺雲 선생 댁에서 시 공부를 했다고 한다.

발문 | 跋文

처녀 적 시 공부를 하던 어머니의 자취를 찾아 조운 생가의 '달맞이 방'을 찾던 선생님은 그 방에 날아다니는 모기마저 죽이지 못한다고 했으니, 나는 이것을 시를 위해 지어낸 말이 아니라 실제 그러했음이 틀림없다고 확신한다. 선생님에게 시는 "협잡이 통하지 않는 엄절한 문학"(천승세 첫 시집 『몸굿』 후기, 1995, 푸른숲)이고, 지금까지 보아온 선생님의 본바탕이 그렇기 때문이다.

달맞이 방에도 달 없으면 깜깜해라

드나들던 모기떼도 어둑하면 숨어들어

그 적 그 피 그립다 울더라

벽 틈마다 숨어드는 모기떼 쫓으며 죽어라 죽어라

휘둘던 파리채 접는다

— 「달맞이 방- 조운曹雲 생가 '달맞이 방'에서 하룻밤 자다」 전문

캄캄한 달맞이 방에서 어머니 생전을 그리던 선생님이 달려드는 모기떼를 향

발문 | 跋文

해 파리채를 휘두르다가 접었던 것은, 과학 상식으로 그럴 리 없지만, 어머니 생전의 그 적 그 피와 연관된 역사라 느꼈을 것이기 때문이리라. 모기떼 날아다니는 소리를 그 적의 어머니 피가 그립다는 소리로 듣고, 당신 몸속에 흐르는 어머니의 피를 모기떼에게 나눠 주겠다며 파리채를 접는 그 마음의 심연을 헤아려보자니 놀라움에 앞서 먼저 숙연해진다.

압권이니 절창이니 직정直情의 완전 직조織造니 가치 평가의 잣대를 감히 들이대는 것은 법도에서 미끄러지는 짓이리라. 그보다 문단 60년사에 해당하는 찬사에 앞서서, 선생님의 시를 읽고 비감해지기만 하는 연유를 곱씹어 보게 되는 것은 어인 일일까?

"어젯밤 목 놓아 울다 죽고 싶었던 / 생선生鮮 // 눈 부릅뜨고 체념하고 있다"(「어안魚眼」 부분), "열한熱汗의 진한 맹서를 반만 걸고 / 절반은 뚝 잘라 반납코자 염력念力을 숙성시키는 먹물들 / 모두 이 앞으로 나와 한 줄로 서라"(「무지개 앞에서」 부분), "죽은 자의 정맥처럼 식어 가는 / 잿빛 산여울 / 시뻘겋게 젊은 단풍 한 잎 / 조름조름 떠 흐르며 유언遺言한다"(「단풍잎-김남주8」 부분), "얼어죽으라, 그러다가 얼어죽을라, / 끝끝내 나 죽이고 가라 소리치는 / 덜 잘린 제 꼬리!"(「입춘 개구리새끼」 부분), "이 칠칠한 산발 틈새마다 / 흰 입김만 건너와 내려앉고 / 등때기 막 벗은 갈게 집게에 물린 / 저 춥디추운 초승달"(「갈대」 부분), "아무라도 한 사람 비틀거려 다오 / 기름 절절 끓는 무쇠 솥에다 못 이룰 첫사랑 담아 놓고 / 한여름 염통 짜들게 울며 꽈배기 됐던 날 / 나 오늘사 그렇게 원

발문 | 跋文

없이 원 없이 비틀거리다 죽고 싶다"(「주포酒浦 일기」 부분), "내 옷이 예쁘다 읊지 마라 / 오늘도 날다 날다 지치면 / 시동배추잎 싸보듬고 하얗게 죽으리"(「흰나비」 부분), "세상이 달다 하여 비칠비칠 흘렀더니 / 예가 염산이라 짠 설움만 또 앵긴다"(「염산에서-조운 風」 부분), "더 부를 수 없고 더 따를 수 없는 / 외진 목 지켜서 덩덕새머리로 우노니 / 살점 창새기 다 씻어 버리고, 홀로 울자니 / 쉰 목청만 살아 비듬 털 내리는 찬바람"(「갈대의 노래-의붓어미 江」 부분), "닿아도 닿아도 스미치는 / 이 빗살 주름발에 / 오들오들 치워라!"(「한기寒氣-조운 생가 '달맞이 방'에서」 부분) 등은 격과 품, 그리고 진기眞奇에 대한 찬사를 한사코 보류시키며 비감에 젖어들게 한다.

  원한 서릿발 돋워 목숨 끊으면
  오늘 내리는 눈세상 되겠지
  간밤 새 내린 눈
  왼통 은세상일세
  다니기 옹색한 길 헤집다간 다리 부러질라
  마음 한구석 찜찜해서 눈을 쓸다가
  두 눈으로 대못 박혀서
  뼈 이음매 부들부들 정신 나가고
  눈물도 대 고드름 되어 다시 죽창 될 제

발문 | 跋文

따르다 따라오다 오뚝 굳은 발자국
뉘가 주인이길래 이리 못 돌아서고 멈춰섰나
그 생각만 한눈팔다 눈을 쓸다 말았어!

- 「눈을 쓸다가—조운 풍」 전문

위 시는 2008년 1월 1일에 쓴 시라고 기록되어 있다. 곁에 아무도 없었나 보다. 오층 계단을 걸어 내려와 혹여 넘어져 다칠까봐 눈을 쓸어 길을 내며 돌아서지 못하는 발자국을 보며 굵은 눈물방울이 죽창처럼 흘러내릴 때 어머님이 그리웠나 아버님이 그리웠나 먼저 간 김남주 시인을 비롯한 후배 시인들이 그리웠나 살아 있는 후학들의 정이 그리웠나? 이 모든 것들을 아울러 "그래, 그 좁디좁은 열모의 문을 열고 / 하다못해 지금 막 부화한 배도라치 치어들까지 / 일제히 일렬로 서서 뒤흔드는 파문波紋의 합창合唱 // 저 불빛 본 적 있다. 저마다 살점 한 점씩 뜯어들고 / 정갈한 소망에다 불을 붙이는 은린銀鱗들의 쿨렁이는 소요"(「두우리 연가戀歌」 부분)가 그리웠을 것이다. 그리고……, 어김없이 찾아오는 불면의 밤 함께 울며 타다 죽는 촛불 한 자루를 위안 삼아 지새우셨을 것이다.

동백나무에 동박새
잣나무에 멧잣새

발문 | 跋文

　개펄 구멍집마다 농게
　치운 가슴 옆에 모닥불
　지새우는 이 한밤
　함께 울다 죽는
　황촉 한 자루

— 「위안」 전문

　붙잡아 둘 수 없는 무정세월, 타다 죽는 황촉 자루처럼 되돌려 밝힐 수 없지만, 가장 낮은 곳에서 모든 물을 끌어안으면서도 넘치거나 가물지 않으며, 하늘과 태양과 달과 별들을 애 터지게 그리며, 가장 넓게 생명을 품고 키우는 바다, 선생님은 바로 그 바다 앞에 서 있을 때가 가장 평화로워 보인다. 지구별 유일의 일민족 이국가의 분단조국의 체제를 고착시키고자 "이대로 영원히!"를 외치는 패덕한 외세와 자본 권력을 향해 신궁을 날리던 선생님,

　꽃이 되랴 하였으면 향훈 한 올 말아 올려
　녹수청산 고를 것을
　하필이면 산구방도리 마사토 덮고
　허우룩이 서 있는 뜻
　그 산사람 시뻘건 염통 속에 내 뿌리 갈래갈래

발문 | 跋文

순장殉葬한 탓이외다
철마다 피 삭는 춘삼월 이맘때면
이파리 톱날같이 묵은눈 베어내도
군시러운 오금마다 골막히 핏물 올라
겨드랑이 비집는 원한 홍반紅斑 돋쳐 앓거니와
저 미친 벌떼 불침 꽂으며
꽃만 되라, 꽃만 되라 애끓기만 하더이다.

— 「산당화山棠花」 전문

"꽃만 되라, 꽃만 되라" 애끓던 선생님도 어느덧 바다처럼 늙으셨다. 문단 생활 60년사를 앞둔 선생님의 축수를 먼저 염원함이 불초한 제자이나마 도리를 행하는 것이라는 점을 모르는 바 아니다. 하지만 내 마음은 선생님의 비감에 먼저 젖고, 그 건강에 대한 염려를 끝내 떨치지 못하나 보다. 이 염려의 자락을 놓지 못한 채, 선생님의 장수를 축원하며 다음의 졸시를 헌정한다.

폭풍이 몇 차례 지나갔다
바다는
푹 익었다

발문 | 跋文

부푼 바다 둥근 수평 끝
천근天根으로부터 미끄러져 오는 점 하나
만선滿船

뒷산은 만취漫醉
바다는 만조滿潮

선생님은 바다처럼 늙으셨다

파도야!
어쩌란 말이냐?

— 졸시 「바다와 선생님」 전문

천 년이 가도 남을 문장은 남는다. 시간은 일방一方으로 흘러 왔다가 그 방향으로 중단 없이 가지만, 역사와 문학은 시간을 전회轉回시킨다. '그 산사람'(「산당화」)의 잊혔던 과거가 '그 산사람의 시뻘건 염통 속에 뿌리를 내린 산당화 붉은 꽃'으로 피어 현재화 되듯이, 진정의 불꽃은 재가 되어도 다시 타오르고 그 불꽃은 어둠을 몰아내 우리의 경국문장經國文章을 천고에 빛나게 할 것이다.

2016년 6월 8일
불초 제자 규배 쓰다.

산당화
천승세 詩集
ⓒ 문학과행동 시선집 001, 2016

제1판 1쇄 발행 2016년 6월 15일

지은이 천승세
펴낸이 이규배
펴낸곳 문학과 행동
표지캘리그라피 김호룡
출판등록 2015년 8월 3일 제 2015-000059호
주소 서울시 강서구 까치산로 22길 29-7 문학과행동사
전화 02-2647-6336
인쇄제본 디자인포스

ISBN 978-89-90536-12-9

값 10,000원

＊저자와 협의하여 인지는 생략합니다.
＊저작권법에 따라 보호받는 저작물이므로 무단 전재와 복제를 금합니다.